La bandera

Tristan Boyer Binns

Traducción de Julio Fonseca

Heinemann Library
Chicago, Illinois

© 2003 Heinemann Library
a division of Reed Elsevier Inc.
Chicago, Illinois

Customer Service 888-454-2279
Visit our website at www.heinemannlibrary.com

Designed by Lisa Buckley
Printed and bound in the United States by Lake Book Manufacturing, Inc.

07 06 05 04 03
10 9 8 7 6 5 4 3 2 1

Library of Congress Cataloging-in-Publication Data
Binns, Tristan Boyer, 1968-
    [American flag. Spanish]
    La bandera / Tristan Boyer Binns ; traducción de Julio Fonseca.
        p. cm— (Símbolos de libertad)
    Summary: An introduction to the origin and history of the American flag, discussing who designed the first flag, how the flag has changed, and what it looks like today.
    Includes bibliographical references and index.
    ISBN 1-4034-3001-2 (HC)—ISBN 1-4034-3024-1 (Pbk.)
1. Flags—United States—History—Juvenile literature. [1. Flags—United States—History.
2.Spanish language materials.] I. Title. II. Series.
CR113 .B5318 2003
929.9'2'0973—dc21

                                                        2002032947

Acknowledgments
The author and publishers are grateful to the following for permission to reproduce copyright material: p. 4 George Lepp/Corbis, p. 5 David Burnett/Contact Press Images/PictureQuest, p. 6 Adam Woolfitt/Corbis, p. 7 Rodger Ressmeyer/NASA/Corbis, p. 8 Michael Brosilow, p. 9 Kevin Flemming/Corbis, p. 10, 13 Joseph Sohm/ChromoSohm Inc./Corbis, p. 11 Bob Daemmrich/Stock, Boston/PictureQuest, p. 12 Rick Browne/Stock, Boston/PictureQuest, p. 14, 15, 22, 26, 27 Courtesy of Marie and Boelsaw Mastai, p. 16 PictureQuest, p. 17 Paul Errico/Courtesy of The City of Somerville MA, p. 18 Bettemann/Corbis, p. 19 Col. Louis H. Frohman/Corbis, p. 20 Library of Congress, p. 21 Robert Edge Pine/The Historical Society of Pennsylvannia [Accession #1891.7], p. 23 Ed Jackson/Carl Vison Institute/ University of Georgia, p. 24 National Park Service, p. 25 Smithsonian Institution.
Cover photograph by Joseph Sohm/ChromoSohm Inc./Corbis.

Special thanks to the city of Somerville, MA.

Every effort has been made to contact copyright holders of any material reproduced in this book. Any omissions will be rectified in subsequent printings if notice is given to the publisher.

Unas palabras están en negrita, **así.**
Encontrarás el significado de esas palabras
en el glosario.

Contenido

La bandera de todos

Nuestra bandera es roja, blanca y azul.
Tiene seis barras blancas y siete barras rojas.
Tiene 50 estrellas sobre un fondo azul.

La bandera es un **símbolo** importante.
Nos dice que todos somos parte de un país.
En todas partes se sabe que la bandera
representa a los **Estados** Unidos de América.

La bandera al aire

La bandera ondea en las escuelas. Ondea
en la **Casa Blanca** cuando está el presidente.
Ondea en los edificios del gobierno, por
ejemplo en la oficina de correos.

6

La bandera también se ve en sellos de correo.
Se ve en el uniforme de los soldados,
los marineros y los astronautas.

En la escuela y en la casa

En las escuelas los niños dicen el Juramento
de Lealtad a la bandera. El juramento pone
en palabras las ideas de la bandera. Dice que
creemos en **libertad** y **justicia** para todos.

En casa mucha gente pone la bandera.
Así demuestra respeto y cariño al país.

Respeto a la bandera

La bandera se trata con respeto y cuidado.
Cuando hay mal tiempo, sólo se pueden
poner afuera banderas **impermeables.**
De noche la bandera se tiene que iluminar.

10

La bandera no debe tocar el suelo. Se debe izar rápido y bajar despacio. La bandera se dobla de una forma especial.

Fabricación de banderas

Muchas personas y muchas compañías fabrican banderas. Todas tienen que seguir ciertas reglas.

Todas las banderas deben lucir iguales.
Las barras rojas y blancas van en el mismo
lugar. Las estrellas van en un cuadrado azul.
Siempre hay una barra roja arriba y abajo.

AN APPEAL TO HEAVEN

Al principio, los **Estados** Unidos era un
grupo de 13 **colonias.** Cada colonia quería
su propia bandera. Unas colonias tenían
una bandera con un pino.

Otras banderas tenían una serpiente de
cascabel. Esos **símbolos** quieren decir distintas
cosas. Un pino quería decir que la colonia era
fuerte. Una serpiente quería decir peligro.

Primera bandera nacional

Las **colonias** se unieron. Iban a hacer la guerra para ser **independientes** de **Gran Bretaña.** Los **colonos** escogieron una bandera para demostrar que estaban unidos.

La bandera *Grand Union* tenía 13 barras y una pequeña bandera **británica** en una esquina. George Washington la izó por primera vez en una batalla en 1776.

Barras y estrellas

El 4 de julio de 1776 los **Estados** Unidos
era un país **independiente.** El **Congreso**
mandó hacer una nueva bandera llamada
"Barras y estrellas".

Las **colonias** ahora eran estados. La nueva
bandera tenía 13 barras. Pero no tenía la
bandera **británica.** Ahora tenía 13 estrellas
blancas en un cuadrado azul, una por estado.

¿Quién hizo la bandera?

Se cuenta que Betsy Ross, una **modista** de
Filadelfia, cosió la primera bandera "Barras
y estrellas". Es posible que ella ayudara a
George Washington a diseñar la bandera.

El diseñador de la bandera probablemente fue Francis Hopkinson. Era abogado, músico y juez. **Representaba** al **estado** de Nueva Jersey en el **Congreso.**

Cambios de la bandera

Las primeras banderas se cosían a mano. No había leyes que dijeran cómo debían ser las estrellas. ¡Unas personas ponían más estrellas!

Después Kentucky y Vermont se unieron
a los **Estados** Unidos. El diseño de la bandera
cambió a 15 estrellas y 15 barras. Duró así
muchos años.

Señal de victoria

En 1814, **Gran Bretaña** y los **Estados** Unidos estaban en guerra otra vez. Una noche, **Francis Scott Key** miró a los **británicos** disparar contra Fort McHenry, Maryland. ¿Aguantaría el fuerte?

Cuando el sol salió, ¡la bandera seguía en pie! Los Estados Unidos ganó. Francis Scott Key escribió un poema titulado "La bandera de estrellas". Es nuestro **himno nacional.**

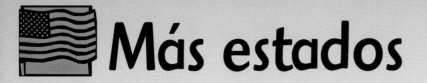 # Más estados

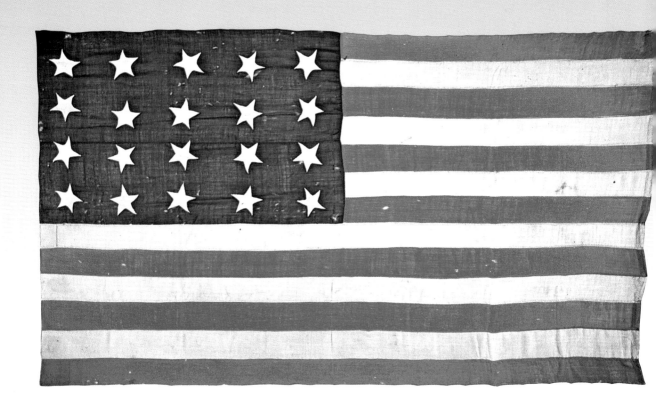

Con el tiempo se unieron más **estados**
al país. El **Congreso** decidió no ponerle
más barras a la bandera por cada estado.

Una nueva ley decía que la bandera tendría
una estrella por cada estado. Pero sólo tendría
13 barras, una por cada uno de los primeros
13 estados.

La bandera en marcha

¡La bandera ha estado en muchas partes!
Ondeó en el Polo Norte hace casi cien años.
La soltaron de un avión en el Polo Sur hace
70 años.

28

Hace unos cuarenta años llegó a la cima
del **monte Everest.** Hace unos treinta años
la colocamos en la Luna.

Datos

La bandera

★ La bandera más grande que hay pesa lo mismo que un caballo grande.

★ Cada estrella es tan alta como un hombre y cada barra es tan alta como el techo de una casa.

★ Los colores de la bandera tienen significados:
  ★ El rojo significa **valor.**
    El blanco significa bondad.
  ★ El azul significa **justicia.**

★ A la bandera se le llama:

The Stars and Stripes   *The Star-Spangled Banner*
Old Glory   *The Starry Flag*
The Stars and Bars   *Freedom's Banner*

Glosario

británico persona o cosa de Gran Bretaña

Casa Blanca casa de Washington, D.C., donde vive y trabaja el presidente

colonias tierras y pueblos gobernados por un país lejano

colonos personas que se van a vivir en una colonia

Congreso grupo de personas elegidas para hacer las leyes de los Estados Unidos

estado grupo de personas unidas bajo un gobierno

Gran Bretaña isla del océano Atlántico donde están Inglaterra, Escocia y Gales

himno nacional canción que representa a un país

impermeable que no lo daña el agua

independiente que no lo gobierna otro país

justicia seguir las leyes y las normas del gobierno para darles a todos la misma oportunidad

Key, Francis Scott abogado estadounidense que vivió de 1779 a 1843

libertad poder escoger el trabajo, la religión y los amigos

modista costurera

monte Everest montaña más alta del mundo

representar hablar en nombre de otro

símbolo cosa que representa una idea

valor valentía

Más libros para leer

Un lector bilingüe puede ayudarte a leer estos libros:

Quiri, Patricia R. *The American Flag.* Danbury, Conn.: Children's Press, 1998.

Sorenson, Lynda. *The American Flag.* Vero Beach, Fla.: Rourke Book Company, 1994.

Wilson, John. *The American Flag: The Red, White, & Blue.* Chanhassen, Minn.: The Child's World, Inc., 1998.

Índice